諷詩調詩集 · 450

통치통초초 · 6

박진환 제496시집

지성.감성의 메타언어
조선문학사시인선.944

諷詩調詩集·450

통치통초초(痛治痛楚抄)·6

조선문학사

■ 책머리에

  1960년부터 시를 써 왔으니 금년으로써 시랍 64년이 된다. 10년이면 강산도 변한다는데 시도 64년이면 강산이 변해도 6번을 넘게 변한 셈이다. 명예가 되는 것도 아니고, 그렇다고 돈이 되는 것도 아닌 시에 64년을 매달렸으면 시를 신앙으로 삼았거나 시의 노예가 되었거나 둘 중의 하나이거나 둘 다가 아니었을까 싶어진다. 달리 말할 수 있다면 시에 미쳤거나 미친 광기로 살아왔다는 시의 삶도 곁들여 볼 수 있지 않을까 싶다.
  시력 64년 첫 시집 『귀로』에서 출발한 시는 시집 『통치통초(痛治痛楚抄)』로 498권째를 발간함으로써, 이어 추가되는 일반시집 『무위의 언어』와 『무위 읽기』 두 권을 합쳐 도합 500권을 상재함으로써 내 시적 마스터플랜을 완결한 셈이다. 시에 대한 평가는 독자의 몫이니 접어 두고 그간 퍽 부지런을 떨었던 듯싶다. 시집 500권을 옛분들의 말씀을 빌면 '한우충동(汗牛充棟)', 소달구지에 실으면 그 무게에 소가 땀을 흘릴 만하고, 쌓아 올리면 그 높이가 대들보에 닿는다 함이니 썩 많은 시집을 엮어냈음을 두고 한 말일 수도 있게 된다.

시를 양으로 따질 수는 없다. 질이 더 중요한 문학적 가치기준이 되어주기 때문이다. 500권에 수록된 시는 어림잡아 4만여 편이 넘을 것으로 본다. 그중에 몇 편이나 읽을 만한 시가 있을지는 오직 독자의 몫이다.

그간 3행시, 4행시를 비롯, '풍시조(諷詩調)'에 이르기까지 여러 실험이랄까, 새로운 시의 장르에 도전해 왔다. 그중 풍시조는 내가 창발(創發)했다고나 할까. 고 문덕수 시인은 풍시조를 박진환이 시조이자 박진환의 장르라 했고, 성찬경 시인은 '박진환의 발명'이라고 했다. 그리고 홍신선 시인은 '박진환이 창발한 장르'라고 했다.

그런 연유로 풍시조에 충실했던 것은 사실이고, 충실을 통해 수만 편의 풍시조를 쓰고, 써서 시집으로 엮었다. 그 결과 500권의 시집이 탄생하게 됐다. 앞으로 건강이 허락하는 한 더 좋은 시를 쓰기 위해 최선을 다할 것을 다짐한다.

2024년 초추
저자 씀

박진환 제496시집 / 諷詩調詩集 · 450
통치통초초 · 6

차례

책머리에 / 5

2024년 9월 22일
귀의한다 했던가 / 13
이와 같아서 / 14
의문이고 동시에 답이다 / 15
검정이 된다 / 16
성공의 비결이다 / 17
동의어였던 것을 / 18
신을 창조했거니 / 19

2024년 9월 23일
예고편 될 듯싶어서 / 20
샌드위치 신세가 된 코리아 / 21
비위난정 일으키게 해서 / 22
외침이 더 높아서 / 23
겁풍(劫風) 될 수도 있어서 / 24
돌팔이신세 / 25
처방전이 없음이니 / 26

어쩐다 / 27
시점이란다 / 28
? / 29
빨리빨리 / 30
지켜볼 뿐 / 31
몰고 갈 수도 / 32

2024년 9월 24일
짜증날만 / 33
분통차원 / 34
소리로 들려서 / 35
절뚝절뚝 / 36
사실을 따지지 / 37
같아서 / 38
판단하는 쪽 몫이어서 / 39
아니어서 / 40
성만 내서 / 41
빛에 먹칠해서 / 42
주종관계여서 / 43
그래서일 듯 / 44
꼴 어떨지 / 45
많아서 / 46

2024년 9월 25일

밥맛 어땠을까 / 47
발길질 못 면한단 뜻이지 / 48
먹지도 말란 뜻이지 / 49
좌절뿐인 것을 / 50
진실은 재가 돼버려서 / 51
지지율 20%대 / 52
정도행 될 것 / 53
죄가 되고 무죄가 되고 / 54
없어서 / 55
킁킁대는 콧방귀 못 면해 / 56
울타리도 쳐져 있어서 / 57
불량품 못 면해서 / 58
석탄 채굴장 같아서 / 59
쓴소리도 / 60
희망을 읽을 듯 / 61

2024년 9월 26일

눈길 곱지 않아서 / 62
작문정치 차원이어서 / 63
추가 증거제시도 / 64
왜 지지율은 ↓↓↓↓↓↓↓↓↓↓ / 65
????? / 66
향연(香煙) 같아서 / 67
배우기도 / 68

칼이나 안 뽑아들지 / 69
뭐 있겠나 / 70
새벽 있어서 / 71
가슴마다 지니고 있어서 / 72
박수 마다 하겠는가 / 73
사필귀정이라 했던가 / 74
애매가 통할까 / 75
'분명일 터'여서 / 76

2024년 9월 27일
정권누수 구명 될 듯싶어서 / 77
그래 / 78
정답일 듯싶어서 / 79
그 반대일 듯싶어서 / 80
지지율 25%가 답해서 / 81
구린내만 풍길 판 / 82
불가일 듯싶어서 / 83
북핵이어서 / 84
명령도 돼서 / 85
돌파구까지 땜질해 버려 막히지 않을지 / 86
속성으로 지녀서 / 87
독거여서 / 88
역사에 기록되고 싶어 해서 / 89
존재 자체여서 / 90

북은 핵으로 흥한다고 믿어서 / 91
참힘, 참정신일까? / 92

2024년 9월 28일
에취에취 / 93
비염앓이 H여서 / 94
Singleness / 95
H 못 면해서 / 96
에취에취 못 면해서 / 97
'이봐'여서 다행 / 98
Unhappiness인 것을 / 99
시샘해서 / 100
재앙이었던 것을 / 101
덕이거니 / 102
체념도 덕인 소이지 / 103
어둠과 같지 않은가 / 104
희망의 맛이라고 다르랴 / 105
반대쪽에 있는 것이 되지 않던가 / 106
행복 아닌가 / 107
함께 하고 있다는 것을 / 108
죄다 뒤집어써서 / 109
반했음 아닐지 / 110
복덩이 돼서 / 111
에덴의 동쪽을 꿈꿨던가 / 112

■ 시집 평설을 대신해서_諷詩調에 대한 사계의 견해
　　　　　　三行詩의 안팎_문덕수 / 113
　知的調律에 의한 시 意味의 密度와 結晶度_성찬경 / 122
　　　　　諷詩調의 깃발과 風向_김용직 / 128
　　　박진환의 3행 '諷詩調'에 대하여_최원규 / 131
　　　　　　　풍시조 읽기_문효치 / 136
　諷詩調에 나타난 형이상시법의 수사법_최규철 / 140

2024년 9월 22일

귀의한다 했던가

진실로 사랑하면서도 '난 널 좋아하지 않아'라고 했다고 해서 사랑이 허위가 되는 것은 아니다. 다만 사랑의 진실을 위장했을 뿐이다. 위장은 종래에는 본디의 천성으로 귀의한다 했던가

이와 같아서

천성에로의 귀의 달리 풀면 자신의 진실로 돌아갔다 함이니
거짓은 허위, 끝내 허위를 벗고 진실로 돌아간다 함이다
위장은 진실을 이길 수 없음이니, 사랑학의 본질도 이와 같아서

의문이고 동시에 답이다

아가페냐? 에로스냐? 본질은 같으나 영·육이 그러하듯
어느 쪽으로 실현하고 실천하느냐에 따라 달라질 뿐이다
정신이냐? 육체냐? 둘 다냐? 사랑이란 의문이고 동시에 답이다

검정이 된다

더러운 사랑이란 없고, 깨끗한 석탄 푸대란 없다
해오라기는 목욕하지 않아도 희고, 까마귀는 하이타이로 헹궈도
검다, 사랑도 이와 같아서 바탕은 희나, 잘못 행하면 검정이 된다

성공의 비결이다

성공에는 아무런 트릭도 없다, 다만 여하한 때이고 스스로가 선택한 일에 전력을 기울일뿐, 보통사람보다 약간더 양심적으로 노력을했을 뿐, 성공의 비결이다, 스스로에게 최선을 다하는일, 성공의 비결이다

동의어였던 것을

온갖 고난을 경험한 오랜 세월을 일컬어 만고풍상(萬古風霜)
헛되이 세월을 보냄을 광일미구(曠日彌久)라 했던가, 세월은
얻기 어렵고 잃긴 쉽다 했던가, 세월과 허무가 동의어였던 것을

신을 창조했거니

만물은 허무에서 나와 무한을 향해 움직인다. 소이로 허무란 무한의 중단됨 없는 지속적인 연속성이 된다. 유한의 존재임을 자각한 인간은 위대했다. 유한의 대리대상으로 무한의 신을 창조했거니

2024년 9월 23일

예고편 될 듯싶어서

반도체 수출 정점에 드리운 먹구름, 계절은 천고마비 하늘 맑음인데 한국 경제에 드리운 먹구름은 한파·한풍 예고, 열욕 더위 피했다 싶었는데 경제 한파·한풍 예고가 겨울 추위 예고편 될 듯싶어서

샌드위치 신세가 된 코리아

AI 반도체에 나선 중국

전방위로 막으려는 미국

G2 고래싸움에 동맹과 시장 사이에 끼어 샌드위치신세가 된 코리아

비위난정 일으키게 해서

이번엔 공천개입에 연루된 김건희 여사; 이리 사사건건 연루되지 않는 곳이 없으니 줄줄이 연루가 떠올리게 하는 것 있데, 영광굴비면 밥맛이라도, 줄줄이묶여끌려가면 밥맛떨어져 비위난정일으키게해서

외침이 더 높아서

김영선·명태균 '돈거래의혹', 일파만파라 했던데, 이리출렁임·격랑
노도·쓰나미 차원이면 필시 침몰 아니면 익사가 있을 듯, 뿐인가
'김여사의 연관성 밝히라' 외치던데, 파도소리보다 외침이 더 높아서

겁풍(劫風) 될 수도 있어서

쌍특검법 마주한 윤 대통령, 부담 커진 '거부권 정국' 했던데
김 여사에 대한 부정적 여론↑에 여당 내 비판의 목소리도 ↑↑↑
한 대표와의 갈등설은 솔솔 가을바람, 미풍이 겁풍 될 수도 있어서

돌팔이신세

당·정·의협 내홍에 빠진 채 헛바퀴만 돌고, 2025학년은 정원
기싸움만, 중재자 국회는 유·불리만 계산, 의협 내에도 의장불신
돌아버리면 돌팔이 못 면해서 의료계고 정계고 돌팔이신세

처방전이 없음이니

돌아오지 않는 의대생들, 2학기 등록률 3.4%, 그에도 못 미치는
등록생 0명인 의대도 9곳에, 한 자릿수에 그친 대학도 11곳
잘못 돼도 이리 잘못된 소이, 어쩐다 의료계에도 처방전이 없음이니

어쩐다

불안·우울에 허우적대는 10~20대, 향정신성의약품 처방 10년새 2배로 늘었다데, 반대로 60~70대는 오히려 줄고, 뿐인가, 10~20대가 자살율도 전 연령대에서 유일 증가세, 희망이 없음이니 어쩐다

시점이란다

'한국에도 미로순간이 오고 있다'기에 읽어봤더니 '미로순간'이란 게 언론이 거침없이 행동하는 유력정치인의 말을 조신하게 받아쓰다 돌연 태도를 바꿔 그에게 비판적으로 돌아서는 시점이란다

?

예를들어 대통령부인 관련 의혹들을 점잖게 지적하다 갑자기 태도를
바꿔 공격적 태도를 취하는 경우다. 소이인즉 '이제 더 이상
기대할 게 없다'는 식으로, 언론의 정도를 향하는 행보일까?

빨리빨리

? 찍어놓고 그렇다에 또 한 번 찍고, 찍고 찍고 찍으면 ?????
발자국 돼 정도행 될 수도, 언론이 살아야 정치가 살고, 정치가
살아야 국가가 살 수 있어서, '미로 순간'이여 빨리빨리

지켜볼 뿐

그래 빨리빨리, 빨리 가버려야, 도치부치(刀治斧治)도
끝날 수 있고 끝나야 도치덕치(道治德治)도 기대할 수 있어서
처방전은 따로 없다, 빨리빨리 가는 시간을 지켜볼 뿐

몰고 갈 수도

옛분들 '도끼로 소를 몬다' 했던가, 그래, 말이 씨 된다고 휘두르던
　　도끼가 소몰이 되면 도끼값 부치(斧治)로 한 셈, 전화위복
도끼가 모는 소몰이로 부치에 부치값해 부치시대 종언 몰고 갈 수도

2024년 9월 24일

짜증날만

체코원전 성과로 낮은 지지율 끌어올릴까 기대했었는데
어쩐다, 용산 한동훈 독대 거부로 지켜보던 시각 곱지 못해
좋은 기회는 살리지 못하고 역효·역훈, 짜증날만

분통차원

한동훈 독대 요청으로, '체코 방문 효과 묻히'고, '아주 나쁜 의도'로
매도, 독대 성사돼도 골칫거리, 성사 안 돼도 골칫거리
하나의 골칫거리도 왕두통감인데 둘로 겹치기면 두통 아닌 분통차원

소리로 들려서

정의구현 사제단 50돌 미사 '다시 한번 크게 일어설 때' 외치며
'당장은 악이 승리하는 듯 보여도 오래 가지 못 한다'고도, 말씀은
옳사오나 악을 선으로 아는 자들에겐 말도 아닌 소리로 들려서

절뚝절뚝

대통령·여당지도부 만찬, 본 의도는 체코 방문효과 자화자찬으로 극대화의도, 한동훈 당대표는 독대거절로 의도한바 계획틀어져 난감 엇박자; 이리 스텝 서로 달라 꼬이면 목발신세 될 수도, 절뚝절뚝

사실을 따지지

체코 일간지가 김건희 여사를 '사기꾼'에 빗대어 보도했다가 삭제했다는 보도를 국내 언론이 보도한 모양이데, 이를 두고 보도할 가치 운운 했던데, 보도가 가치를 따지던가 사실을 따지지

같아서

그림마당한자리, '자, 체코원전건배합시다'에 '건방지게언론플레이나 하고'가 건배사, 뒤이어 '독대 하나 수용도 못하고'가 답사가 된 어떤 모임, '하고', '하고'가 쨍 건배 유리잔 깨지는 소리 같아서

판단하는 쪽 몫이어서

'명품가방은 청탁용', 가방 선물한 당사자 '새 증거 내겠다'며 강변
받은 쪽은 '선물이다', 준 쪽은 '청탁용 선물이다' 어느 쪽의 말이 더
진실일까? 받은쪽보다 준쪽에 더 무게실리지만 판단하는쪽 몫이어서

아니어서

U-20 월드컵, 북한 여자축구 세 번째 우승
잘못한 것 많지만 잘한 것엔 박수 보내고
만세라도 불러주고 싶어, 헌데 대한민국만세가 아니어서

성만 내서

한동훈 대표 독대 요청, '성난 민심 전하고 싶어서'였다는 말
참말 같데, 하도 세상이 거짓말 천지가 돼서 참말에는 귀 솔깃
헌데 거짓말에 익숙해진 귀는 참말에는 성만 내서

빚에 먹칠해서

한전 부채 지난 6월 말 203조원으로 하루 이자만 123억원인데도
전기요금 동결, 국민을 위한 것 같지만, 국가 곳간 비우는 일이 돼서
당당하게인상, 정도택해야, 꼼수론 어둠밝히려다 되레 빚에먹칠해서

주종관계여서

빚과 빛의 소릿값은 같으나 뜻은 정반대다, 부자는 가난한 자를 주관하고 빚진 자는 채권자의 종이 되느니라, '주관'과 '종'이 하나님뜻좇음이었으면 좋을것을 가진자와 못가진자의 주종관계여서

그래서일 듯

　배추 한 포기에 2만원이면 금(金)치란 말은 옛말 신식말론 먹을 수 없는, 먹지 못하는 금(禁)치, 안 그래도 비위난정 속 뒤집히는데 김치로 입가심도 못하다니, 입구린내가 그래서일 듯

꼴 어떨지

'이대로면 50년 뒤, 한국인 절반이 노인 했던데, 한국인의 기대수명 2022년 82.7세에서 2072년 91.1세로 높아져서, 지구촌의 장수마을 돼서 좋겠네만 치매 동행이면 꼴 어떨지

많아서

'자연복원, 한국과 유럽 엇갈린 갈' 했던데 유럽에선 있던 보도 터서 자연복원에 힘쓰고 있는데 한국은 없는 보도 만들어 자연파괴 엇갈리는길이이것뿐이던가, 심지어인간의정도행까지엇갈린길많아서

2024년 9월 25일

밥맛 어땠을까

용산 대통령실 분수정원에서 가진 대통령과 집권여당 지도부와의 만찬 지켜본 기대와는 달리 '대통령 혼자 원전 얘기만 했다' '밥만 먹은 자리였다'가 여당 내 평가, '밥맛 어땠을까'

발길질 못 면한단 뜻이지

미 대선, 초박빙이라데, 박빙이건, 초박빙이건 무슨 상관
누가 이겨도 '미 우선주의'에 밀려날 것은 불 보듯 뻔해서
미 우선주의란 게 미 국익에 반하면 발길질 못 면한단 뜻이지

먹지도 말란 뜻이지

배추값 두고 '손 떨리는 배추값' 했던데 손대기도 무섭단 뜻
해서 하는 말 금(金)치는 옛말, 지금은 손대지마
금(禁)치, 돈 없으면 손대지도 말고 먹지도 말란 뜻이지

좌절뿐인 것을

국제인권단체 안창호 반인권적 발언과 행보 비판하며
'한국 평등권 노력 좌절' 했던데, 좌절한 게 평등권뿐이던가
정치·경제·사회 모든 분야에서 맛보느니 좌절뿐인 것을

진실은 재가 돼버려서

김건희 명품백 건, 뇌물제공 당사자는 유죄 주장인데, 담당 검사는 무죄주장, '도둑놈은 물건 훔쳤다는데 심판자는 죄아니'란 식 이를 두고 황당한 상황 했던데, 황탄에 진실은 재가 돼버려서

지지율 20%대

'의대교육이 뭔지도 모르면서 자신 있게 말하는 대통령' 했던데 이음말 '이해할 수 없어'가 더 궁금에 관심까지, 모르는 게 의대교육뿐인지? 허긴 안 것도 있어서, 뭐냐고요? 지지율 20%대

정도행 될 것

문제 안 것이 문제, 몰랐으면 역으로 치진 않았을 것을
역으로 치다 보니 매사 비뚤어지게 나아가게 돼서
지지율 50% 넘으면 그땐 민심 읽고 역주행 정도행 될 것

죄가 되고 무죄가 되고

'잇단 김건희공천개입설, 당사자들이부인하면 없는일인가' 물었는가?
그렇다는 뜻인가? 당사자가 인정해도 무죄가 되는 명품백 사건도
있어서, 정치잣대에 따라 부인도 긍정도 죄가 되고 무죄가 되는

없어서

　체코원전 두고 '속빈 강정'이라며 '장밋빛 홍보만 할 땐가' 했던데, 장밋빛 홍보가 '속빈 강정'이면 허구란 뜻 아니던가, 헌데 대통령의 1시간 넘은 자화자찬한 속엔 '속빈 강정'이란 말 없어서

킁킁대는 콧방귀 못 면해

금투세 두고 민주당이 갈팡질팡하고 있는 모양세데, 법대로 하면 그것도 자신들이 정했던 법대로 하면 될 것을 이러쿵저러쿵 쿵쿵이 킁킁 콧방귀 되면 국민도 따라 킁킁대는 콧방귀 못 면해

울타리도 쳐져 있어서

'과거로 돌아갈 수 없는 미국' 했던데, 어떤 과거일까? G1 시절일 듯 헌데 지금은 G2시대, 돌아갈수없는 이유다, 안그래도 '미우선주의'란 울타리 치고 있는데, 밖에는 접근금지 울타리도 쳐져 있어서

불량품 못 면해서

검사는 무죄 주장, 피의자는 유죄 주장, 세상에 이런 주장도
무죄와 유죄란 게 법리가 아닌 정치잣대에 따라, 잣대의 눈금에 따라
이리 달라서야, 정치잣대란 게 대부분 불량품 못 면해서

석탄 채굴장 같아서

전생이 양파였나며 '김건희 게이트 끝 어디까지인가' 했던데
글쎄요, 양파가 벗기고 벗겨도 또 벗겨야 하듯
끝이란 게 파고 들어갈수록 시커먼 석탄 채굴장 같아서

쓴소리도

오는 10월 재·보선 두고 오고가는 말 새겨볼만, '조국바람 불어야' '그래도 파란색이제', '도둑놈보다는 철새가 낫제', '점퍼만 바꿔 입고 나와', '군수선거엔 신경 끄고 정치나 잘하길' 쓴소리도

희망을 읽을 듯

방심위 내부 게시판에 '굴종과 몰염치, 우리 미래 우려'란
방심위의 한 직원이 올린 실명 게시판, 익명 아닌 실명
눈먼 실명(失明)자는 이 글 읽고 분통, 혜안자는 희망을 읽을 듯

2024년 9월 26일

눈길 곱지 않아서

하, 검사출신 두 사람 한심한 정치했던데, 누굴 두고 한 말이냐고
윤·한, 더 꼬인 정국 두고 한 말, 헌데도 친윤계는 화기애애 애애
화기건 화기애애건 국민들은 "그것도 정치냐"며 눈길 곱지 않아서

작문정치 차원이어서

의료대란 미봉책으로 동원한 군의관·공보의 활동, 의료공백 못막고 군·지역 의료만 뻥뻥 구멍냈다데, 그러면서 하는 말 '보여주기 식' 정책이었다고, 의료정책뿐인가, 모든 정책이 작문정치 차원이어서

추가 증거제시도

명품백 사건, '준 사람은 기소, '받은 사람은 불기소로 정반대 판단에 최재영 '내 기소로 직무관련성 인정' 들이대며 대통령 김건희 씨, 수사·처벌 받아야 한다에 녹음파일 등 추가 증거제시도

왜 지지율은 ↓↓↓↓↓↓↓↓↓

학교 성폭력 역대 최고에 사이버 폭력도 ↑, 집단 따돌림도 ↑
최고에 ↑↑이면 고공행진, 이리 고공행진 하늘 높은 줄
모르는데 왜 지지율은 ↓↓↓↓↓↓↓↓↓

?????

지지율 폭망으로 끝난 한·일 밀월 두고 둘 다 한·일 관계에
자부심했데, 헌데 한 명은 패배, 정당화 하거나 진 것도 몰라 했데
그 한쪽이 누구게? ?????

향연(香煙) 같아서

대한민국예술원 70주년 기념행사를 '향연'이라 했데
그들만의 잔치도 잔치이니 '향연'일 수도, 헌데 향연(饗宴)이란 게
국고 태워 피우는, 향 아닌 독가스 뿜어내는 향연(香煙) 같아서

배우기도

'지금 대한민국은 역사공부 중이라 했던데 공부엔 선생이 있어야
헌데 선생이란 게 뉴라이트 일색이어서 되레 역사에
먹칠이나 하지 않을지, 제대로된 스승이 있어야 배우기도

칼이나 안 뽑아들지

김건희 명품백 직무관련성 인정한 수심위 '검찰은 수용해야
옳고 지당하고 좇고 받들어야할 참말씀이오나 말씀 아닌
말이 참말 잡아먹는 시대여서 수용 대신 칼이나 안 뽑아들지

뭐 있겠나

윤·한 '맹탕 회동' 두고 '국민 두렵지 않나' 했던데, 한쪽은
국민 눈높이 읽을 줄 알지만, 다른 한쪽은 눈높이는커녕
국민 자체가 안중에도 없으니, 두려울 게 뭐 있겠나

새벽 있어서

'민원사주 공익신고자들의 용기' 했던데, 이 험악한 칼찬 검찰시대에 진실을 말할줄아는 고발이면 고발아닌 새벽을 여는 종소리 아닐까, 닭의 모가지 비틀어도 새벽은 오듯 '입틀막에도 진실을 여는 새벽 있어서

가슴마다 지니고 있어서

정치부재에 무능한 집권여당에 선정 기대는 글렀고
도치부치(刀治斧治)에도 내성 기른 민초들은 기른 내성
언제 터뜨릴지 메가톤급 폭파장치 가슴마다 지니고 있어서

박수 마다 하겠는가

공익신고자 용기에 최씨측 명품백 · 직무연관 주장 수심위원 8대 7로 수용; 꿈틀대는 몸부림 정의의 몸짓 아니던가, 행동하는 양심만이 쟁취할 수 있는 정의, 살아있음이니 어찌 박수 마다 하겠는가

사필귀정이라 했던가

한 칼로 도려내기보다 한 꺼풀씩 허위 벗겨내
진실 찾는 일, 진실이 살아있는 한 진실 찾기 중단됨 없고
중단됨 없는 한 진실은 밝혀지기 마련, 사필귀정이라 했던가

애매가 통할까

김건희 명품백 관련 최재형만 기소권고 결론에 여당 '난감' 표시
'국민들 보기에도 애매한 모양새'가 소이, 애매란 게 희미해
분명치 않음 아니던가, 분명해도 일단 의심인 세상에 애매가 통할까

'분명일 터'여서

애매성 분명히밝히려면 특검뿐, 야당주장에 힘만실려준셈, '김여사에
대한 기소 압박 특검 들고 나온 소이가 이러해서, 여당엔 '난감'
야당엔 '분명' 국민들 바라는 바는 분명 '분명일 터'여서

2024년 9월 27일

정권누수 구멍 될 듯싶어서

올해 세수결손 30조로 2년째 역대급 펑크라데
문제는 펑크가 세수결손뿐만이 아닌 정치에도 펑펑펑이어서
그러다 펑펑펑 함께 터지면 정권누수 구멍 될 듯싶어서

그래

명품백 결과 보고 받은 검찰총장, '결단의 시간' 했던데
글쎄요, 검찰을 대표하는 검찰총장이 조직대변 안 할지, 수심위의
불기소·기소 의견은 들러리, 공평이 만사형평 둘 다 불기소가 그래

정답일 듯싶어서

석유개발 7광구 공동개발 논의, 39년 만에 한·일 머리 맞댄다데
39년 외면된 걸 종료 통보 1년 앞두고 합의 도출 될까? 전망치는
　　서로 입장차만 재확인할 듯 했던데, 그게 정답일 듯싶어서

그 반대일 듯싶어서

정부, 경기둔화 신호 무시해놓고 '감세때문 아니다'만 되풀이 되풀이란 게 할 말 없으면 들이대는 반복법 아니던가, 수사법으로 반복법은 리듬·내용강조 효과인데 정치반복은 그 반대일 듯싶어서

지지율 25%가 답해서

 윤정부 3년치 '적자국채 증가폭, 전 문정부의 1.5배'라데, 2년간 이자만도 32조원, 앞으로 2년 합산하면 역대 최대 규모 될 거라데 빚만늘어난 정치면 잘한건가? 못한건가? 답은 지지율 25%가 답해서

구린내만 풍길 판

그간 검찰, 김건희 여사의 주가조작 관여의혹 '수사 중'이란 이유로 뭉그적이다 2심 결과 '주가조작에 대한 미필적 인식만으로도 방조죄 성립'에도 뭉그적, 그러다 싸면 구린내만 풍길 판

불가일 듯싶어서

윤정부, 2년새 86조 세수결손에 대해 최상목 부총리 "송구·책임감"
'송구' 필수는 골백번 허리 굽혀도 방도 달리 없고 '책임감'은
지면 될 것 같은데 말로는 가능, 행동차원으로 불가일 듯싶어서

북핵이어서

국정원에 의하면 북, 미 대선 이후 핵실험 가능성 했던데, 하고
안 하고 언제 하고가 문제가 아니라 그 까닭인 하고(何故)가 문제
아무리 제재 가해도 죄면 죌수록 더 크게 터뜨리는 것이 북핵이어서

명령도 돼서

'대통령에 여론조사 수차례 보고한 명태균' 보도에 대통령실 또 침묵
말 안 해도 알아서 척척 처리하는데 뭐하게 일일이 답해
침묵이란 게 입 다문 게 아니라 큰소리로 하는 명령도 돼서

돌파구까지 땜질해 버려 막히지 않을지

국민의힘, 친한계 '윤·한 독대 노력 필요'에 찬윤계 '둘 신뢰 바닥인
게 현실', 두 진영간 '균열'이 또 하나의 현실 땜질이 필수인데
땜질이 되레 돌파구까지 땜질해 버려 막히지 않을지

속성으로 지녀서

땜질로 균열 메우려다 되레 땜질이 돌파구 안 막을지
그보다 균열만 더 키워 정권누수 구멍이나 안 될지
정치란 게 공존보다 어느 한쪽이 무너져야를 속성으로 지녀서

독거여서

노인 10명 중 4명이 독거, 삶의 실상인즉 '혼자라서 외롭고'
'빈곤해서 괴롭다'에 10명 중 3명은 대화상대 제로, 외롭고
괴롭고 대화상대 제로뿐인가, 삶의 의미 제로지대가 독거여서

역사에 기록되고 싶어 해서

오세훈시장, 광화문광장에 대형태극기게양대 반대여론으로접게되자
이번엔 6.25 조형물 강행, 강행이면 반대 있건 없건 직권 동원 뜻
집권자란 누구나 치적(治積) 남겨 역사에 기록되고 싶어 해서

존재 자체여서

미의 온갖 제재에도 북, 핵실험 임박한 듯
뭐랄까? 광기? 신앙? 둘 다? 허긴 핵이란 게
북녘의 신앙이고, 언어이고, 존재 자체여서

북은 핵으로 흥한다고 믿어서

달리 풀면 핵 없는 북은 존재 자체가 무
핵이 존재인 소이이고, 북의 생명 자체가 핵이란 뜻
성구엔 칼은 칼로 망한다 했던데 북은 핵으로 흥한다고 믿어서

참힘, 참정신일까?

신앙이 없는 곳에 정신은 없다, 외부에 의지하고 싶어하는 정신은 약한 정신 했던데, 스스로의 정신에 의지하는 힘으로서의 신앙과 힘에 의지하는 신앙으로서의 정신, 어느 쪽이 참힘, 참정신일까?

2024년 9월 28일

에취에취

H 하면 떠오르는 것들이 많다, 에이취, 젊었을 적 술깨나 마시던
시절에는 에취 에취해를 입에 달고 살았던 그때가 좋았어
지금은 눈 뜨자마자 에취에취 비염앓이가 무슨 자랑이라고 에취에취

비염앓이 H여서

    H, 한때는 H로 놀던 때도 있었지, Hope 희망 동행하고 Hop한 적도 있었지, 천리가 멀다 않고 갈기 세우고 질주하던 Horse 시절도 있었고, 헌데 지금은 H, 말 울음소리 아닌 비염앓이 H여서

Singleness

H, 가버린 날들은 행복하다 했던가, 한때 느끼고 함께 살았던
Happy, 지금은 가버린 날을 그리며 사는 독거의
과거를 먹고 사는 Singleness

H 못 면해서

H, 한때는 장서가를 꿈꾸며 책이란 책 다 긁어모았지, 뿐인가, 직접 출간한 저서만도 500권을 넘겼으니 높이와 무게로 치면 한우충동 heap에 미치기도, 지금은 책 먼지로 비염앓이 에취 H 못 면해서

※ 한우충동(汗牛充棟) : 마차에 실으면 소가 땀을 흘릴 만큼 무겁고, 쌓아올리면 높이가 들보에까지 가득 찬다는 장서를 두고 한 말

에취에취 못 면해서

그런대로 무탈과 함께 유지해온 것이 Health 건장, 아직도 무악재를 걸어서 넘는다고 은근히 내세웠는데, H, 봄가을이면 어김없이 체면 구기게 하는 염비 비염 에취에취 못 면해서

'이봐'여서 다행

hey, 저요? 달리 또 누가 있소, 마스크를 쓰시던지
손수건으로 코를 가리시던지 해야지, 내놓고 H 하다 내게 옮기면
어찌 허시겠소, hey가 '이놈' 아닌 '이봐'여서 다행

Unhappiness인 것을

열옥·열독에 지쳤다가 구시월 가을맞이 살맛난다 싶었더니
웬걸, 봄가을 호시절이면 도져 살맛 죽이는 엄비 비염
에취에취 H가 Happy 아닌 Unhappiness인 것을

시샘해서

뭐니 뭐니 해도 행복의 제1 조건은 Health, 돈도, 명예도 건강 잃으면 함께 잃기 마련, 무탈·건강 복으로 알고 감사 감사 했더니, 그것도 눈밖에 났던지 unhappiness로 시샘해서

재앙이었던 것을

H가 무슨 불행인가, 구린내, 곰팡이내, 부패 재촉하는
썩음내에 멍코였던들 민감한 코자랑 H H 했겠나
멍코가 자랑이 아닌 멍코가 재앙이었던 것을

덕이거니

염비앓이 비염에 약 없다 했더니 명처방전 있었던 것을, 동네 이비인후과의원 김 원장 왈 "코가 민감해서 그래, 그러려니 하고 사셔"가 명처방이었던 것을 그러려니 하고 접는 체념도 덕이거니

체념도 덕인 소이지

옛분들 팔자는독에 들어가도 못피한단말 체념두고한말씀, '그러려니 하고서'도 같은뜻 아니던가, 타고난체질을 어찌하겠느냐는 도저히 안되겠다고여겨 희망을버리는것이 체념아니던가, 체념도덕인소이지

어둠과 같지 않은가

이루어지지않는 희망, 체념으로 달랠줄아는것도 지혜의 덕 아니던가
이루지 못했다고 절망하거나 분노하는 것보다는 체념이 한 차원 위
아랫것 버리고 윗것 택했으니 이룸과 같지 않은가

희망의 맛이라고 다르랴

바람마다 다 이루어진다면 이룸의 맛 싱겁기 마련, 싱거운 것을 어찌
맛있다 하겠는가, 맛이란 짜고 맵고 시고 달고 섞여야 맛
하나의 메뉴도 그러한데 희망의 맛이라고 다르랴

반대쪽에 있는 것이 되지 않던가

희망이 적으면 적을수록 많은 평화가 온다 했던가
희망을 버리면 영혼의 안녕을 얻는다 했던가, 이치로 치면
희망이란 평화와 안녕의 반대쪽에 있는 것이 되지 않던가

행복 아닌가

희망은 우리들을 속이는 사기사다, 나의 경우 희망을 잃었을 때 비로소 행복이 찾아왔다던가, 인간의 최고 행복은 희망이라 했던가, 희망을 잃는 것이 아니고 버린 것도 이치론 행복 아닌가

함께 하고 있다는 것을

그걸 몰랐네, 희망을 이룸만이 행복인 줄 알았더니 잃거나
버리는 것도 행복이라는 것을, 그 행복 속에
평화와 안녕이 함께 하고 있다는 것을

죄다 뒤집어써서

일요일을 1주 동안의 녹슨 것을 없애는 날이라 했던가, 1주 동안의 온갖 죄를 닦아내는 해면이라 했던가, 녹제거하고 책임면함이면 새로운 삶의 재생이 아니던가, 헌데 주말 인생은 녹, 죄를 죄다 뒤집어써서

반했음 아닐지

죄다가 느슨한 것을 조이다도 되고, 모조리다도 되는 순우리말, 이를 유식하게 한자로 풀면 죄다(罪多), 녹제거하고 죄사면받는 안식일이 아니라 하는일마다 죄가됨이니 하느님이 주신 안식에 반했음 아닐지

복당이 돼서

어느 시인의 시구에 '일요일은 탈옥수(脫獄囚)' 했던데, 한 주의 삶이란 게 삶의 고리나 밧줄에 묶여 산 죄수였단 뜻 아니던가 주말 인생에겐 거꾸로 탈옥수가 아닌 일요일이 복당이 돼서

※ 복당(福堂) : 구치소의 이칭.

에덴의 동쪽을 꿈꿨던가

휴일이 지루해 죽겠어, 누구나 없이 다 갑혔단 말이야, '분노의 포도' '에덴의동쪽' 작가 존 스타인 백의말이다, 일요일에 갑혔다, 갑혔으니 분노할 만, 해서 잡혀 살지 않는 저쪽 에덴의 동쪽을 꿈꿨던가

■ 시집 평설을 대신해서_諷詩調에 대한 사계의 견해

三行詩의 안팎

문덕수(전 예술원 회원)

1.

박진환의 三行詩Ⅷ『諷詩調』를 읽고 느낀 바가 많지만 다 말할 수는 없을 것 같다. '諷時調'라고 하지 않고 '諷詩調'라고 한 것은 '시조(時調)'와는 다른 장르임을 말하는 것이 분명하고, '풍조시(諷調詩)'가 아니라 '풍시조(諷詩調)'라고 한 것은 이와 유사한 다른 장르명의 어순을 따를 필요가 없음을 암시한 것 같다. 어쨌든 '풍시조(諷詩調)'는 다른 누구의 것도 아닌, 바로 박진환의 장르다. 그가 풍시조의 시조요, 창업자다.

'풍시조(諷詩調)'의 '풍(諷)'은 '풍자(諷刺, satire)'일까. '풍유(諷喩, allegory)'일까(諷諫, 기자(譏刺)라는 말도 있다). 풍(諷)은 '言十風(음)'으로 된 글자인데, 떨리는 소리로 낭독하는 것을 풍송(諷誦)이라고 하고, 바람이 나뭇가지나 이파리를 흔들듯이 사람의 마음을 움직이는 것을 '풍(諷)'이라고 한다. '풍자'는 후자에 해당한다. 그러나 이러니저러니 따질 필요는 없다. '시작품' 자체가 시론이기 때문이다. '풍시조'의 정체는 박진환의 작품에 있다고 하겠다.

> 달콤한 오수 깨며 띠리링 울리는 벨소리 속 목소리
> 기막힌 부동산 정보 전해 드리려고요
> 너나 기막히세요, 난 귀 열고 매미소리나 벗하리니
> ―「귀 열고」

IT매체들(휴대전화 등)을 통해 부동산 중개업자(복덕방)의 이러한 극성스러운 메시지는 시민들이 역겹도록 경험하고 있는 현실이다. 시도 때도 없는 각종 정보 발신에 시민들이 무방비 속에 시달리는 것은 정보공해라고 할 수 있다. 이 시는 요즘의 이러한 부동산 시장의 상황과 정보공해가 전제되어 있고, 이러한 상황을 어느 정도 공유하고 있는 독자에게만 공감이 절실할 것이다. 풍자건 유머건 간에, 독자의 다양한 지적 교양이 전제된다는 점에서 지성적 활동이라고 할 수 있다(박진환을 '주지시'의 계열의 중요시인으로 보는 것도 이 때문이다).

2.
왜 3행시일까. 20행, 30행의 장시나 산문시면 안 되는가. 초·중·종장과 같은 3행이지만, 시조의 율조와는 관계가 없다. 종장 '3·5·4·4'와 같은 율조도 지킬 필요가 없다. 음보와도 관계없다. 시조의 3행과 같다는 말도 사실상 넌센스다. 그럼에도 3행시로 한 뭔가의 이유가 있지 않을까. 앞에 든 「귀열고」에서 여러 가지 장치를 전지(剪枝)하고 3단논법의 뼈대만 추려 본다.

　　　　　　남을 괴롭히는 전화는 받기 싫다(대전제)
　　　　　요즘의 부동산 정보전화도 사람만 괴롭힌다(소전제)
　　　　　　그러므로 내게 그런 전화하지 말라(결론)

 이와 같은 논리소('화소'라는 말이 있지만 '논리소'라고 해둔다)로 환원시켜 놓고 보면, 「귀열고」는 3단논법의 시상 전개임을 어느 정도는 이해할 수 있다. 상황 제시(대전제, 제1행), 권유나 권고(소전제, 제2행), 거절(결론, 제3행)로 된 3단형이나 구문면에서는 문답형이다. 3단 논법이란 2개 이상의 전제를 제시하고, 거기서 결론을 도출하는 추론형식이다. 2개든 3개든 2행으로 전제를 제시하거나 열거하고, 논리 진행의 반전, 좌절, 총합 등으로 결론을 도출하게 되면 '3단형'이 되지 않을 수 없다. 또 구문상의 '문답형'으로 본다고 하더라도 물음과 답이 각각 1행씩 합해서 2행이 되고, 물음과 대답을 성립하기 위한 전제적 상황 제시가 1행을 차지하면, 이 또한 3행 형식을 취하게 된다.

　　　　　돈 많은 세상에 돈 없이 배고파하는 꼴이나
　　　　　　물난리에 물이 없어 목말라 하는 꼴이나
　　　　사람 중에 사람 없어 정치공황 부황든 꼴이나
　　　　　　　　　　　　　　　　　　— 「꼴이나 꼴이나」

 「꼴이나 꼴이나」도 3단형이긴 하나 논리의 극적 국면(반전, 좌절 등)이 약한, 즉 편평(扁平)한 3단형이다. 더 정확하게 말하면 전제만 3행으로 열거되고 결론이 없는(결론은 독자의 몫으로 남겼다.) 일종의 '나열형'이다. 틀(뼈대)을 추려보면 "풍족 속의 굶주림은 꼴불견이다(제1행), 홍수 속의 갈증은 꼴불견이다(제2행), 인재 귀한 정치 공황은 꼴불견이다(제3행)"의 3단형인데, 대전제·소전제·결론 형이 아니라 단지 전제의 3행 나열에 지나지 않고, 이러한 나열을 총합한 결론은 독자에게 맡겨져 있다. 구문상으로는 '꼴이나'가 각행의 끝말로 반복(세 번 반복)되는데 귀납형의 방식이라고 할 수 있다. 대전제를 먼저 제시하는 3단 논법형과는 다르다고 하겠다. 3단형이라고 하더라도 여러 가지 성질의 형식이 있으므로, 여기서는 변죽만 건드려본 정도로 그치겠다.

3.
다음엔 실제 작품을 조금 음미해 본다. 「귀열고」는 「夏夜」와 더불어 박진환의 풍시조 중에서 가장 재미있는 작품인 것 같다. 전형적인 작품이라고 해도 괜찮다.

'기막히다'의 활용형(기막힌, 기막히세요)은 문답의 '고리' 역할을 한다. 부동산중개업자와 시적 주체도 연결시켜준다. 그런데, 대답 부분(제3행)의 '기막히세요'라는 '고리'에는 '기막히다(어떤 일이 하도 어이없거나 엄청나서 질릴 정도이다와 같은 부정적 성질의 의미와, 어떻다고 말할 수 없을 만큼 좋거나 정도가 높다와 같은 긍정적 성질의 의미가 공존한다)와 '귀(耳) 막히다' 등의 의미가 공재해 있고, '귀 막히다'는 뜻의 말은 짐짓 잘못 알아들은 것으로 되어 있다. 이 풍시조의 재미는 '기막히세요'라는 고리에 내재된 다채로운 뉘앙스의 삼중 겹침에 있는 것 같다. 여기에 "너나 기막히세요"라는 독백 형식의 대답에는 "너나 잘하세요"(영화 「친절한 금자씨」의 주인공이 한 말)도 연상되고, 더 지적으로 민감한 독자라면 "사또님 말씀이야 다 우습지"나 "사돈네 남의 말 한다"와 같은 속담도 연상하게 될 것이다. 또 2인칭 대명사 '너'와 높임말인 '기막히세요'는 존대법상 일치하지 않는다. 이러한 문법적 불일치도 미적·풍자적 효과에 한몫 더한다. 말하자면 독자의 지적 수준에 따라 그 웃음과 재미가 증감된다. 아마 이러한 시적 장치의 전부를 담아 뭉뚱그리기에 적합한 가장 간결한 형태가 3행시가 아닐까도 생각된다.

> F킬라를 뿌리듯 이발사가 내 머리에 스프레이를 분무한다
> 내 머리를 모기나 파리 대가리쯤으로 아는 모양이다
> 하긴 싹싹 손 비비고 남의 피나 핥았으니 그럴 법도 하지
> ―「이발소」에서

 전제가 되는 부분의 열거를 1행, 2행에 배당하고, 그 전제를 근거로 제3행에서 결론을 도출한 3단형이다. "이발사가 내 머리에 스프레이를 뿌린다(제1행), 나를 모기나 파리로 간주하는 것 같다(제2행), 아첨하고 착취했으니 이발사의 행위는 당연하다(제3행)"는 것이 이 풍조시의 뼈대다. 추린 논리소다. 그러나 이 논리 속에는 의도적 곡해(曲解)와 사회를 향한 우회적 공격이 숨어 있다. 논리 속에 숨은 이 장치의 이해가,

이 풍시조 수용의 전제가 된다.

특히, "싹싹 손 비비고 남의 피나 핥았으니"에서, 1인칭(모기나 파리의 1인칭)인 '나'의 비하(卑下)를 통해서 파리나 모기와 다를 바 없는 자신이 바로 사회의 무고한 사람들에 대한 침입자나 가해자였음을 폭로한다. 자기가 바로 풍자의 칼날에 희생되어야 할 대상이며, 자신의 비하가 공격과 비판을 위한 칼날 갈기의 전제라는 아이러니를 본다. 일종의 도회(韜晦)의 비늘이라고 할까. 새디즘과 매저키즘은 동전의 양면이라는 심리분석도 이 경우에 해당될지?.

夏! 정말 덥다, 夜! 시원하다
夏夜보다 더 신나고 시원한 것 없을까
없긴 왜 없어, 下野란 말 있잖아
—「夏夜」전문

「夏夜」는 문답형 중의 자문자답형이다. 독백형 자문자답이다. 두 개의 전제에서 의외의 결론을 끌어낸 3단 형태라고도 할 수 있다. 제1행의 대전제가 그 다음의 소전제와 결론인 대답을 가능하게 해준다. 어쨌든 '夏夜'라는 펀(pun)과 더불어 박진환식 풍자와 해학의 가장 돋보이는 전형적인 시다. '夏夜'에 내포된 골계미와 풍자성을 분석해 보자.

'하야'라는 시니피앙에는 1)계절로서의 夏夜, 2)'하! 야'라는 반응의 감탄사, 3)하야(下野)라는 시니피에가 겹쳐 있다. 반복하면 시니피앙의 한 덩어리 속의 세 시니피에가 꼬리를 물고

꼬여 메비우스의 띠처럼 회오리친다. 특히 '하야(夏夜:下野)'라는 말이 지닌 풍자성이 시 전체(1행, 2행, 3행)에 삼투되어 방사(放射)한다. 웃음 속에 감추어진 칼날을 보는 것 같아 섬찍하다.

4.
끝으로 풍시조 1편과 외국의 우화 1편을 비교해 볼까 한다. 대상은 둘 다 '중동(中東)'이다.

> 열사의 불 먹고 사는 탓에 제 버릇 못 버려 즐기는 불장난
> 석유까지 불을 뿜어대니 연일 불바다지
> 얼음을 먹어야 식히는데 中東엔 仲冬이 없으니
> ―「仲冬이 없으니·1」

이것은 일종의 '편'이다. 「夏夜」에 비하면 편의 구조도 퍽 단순한 편이다. 페르시아만(아라비아만)의 해변에 '개구리' 한 마리가 햇볕을 쬐고 있는데, '전갈(scorpion)'이 와서 바다 건너 저쪽 언덕까지 등에 태워 건너달라고 부탁한다('전갈'은 몸속 독낭에 못 모양의 독침이 들어 있는 동물이다).

"싫어. 넌 전갈 아냐. 날 찔러 죽이려고"
"바보 같은 소리" 내가 찌르면 너도 죽지만 나도 익사하지 않는가. 잠시 생각한 끝에 개구리가 말한다.
"그렇군. 그럼 내 등에 올라타"

전갈을 등에 태운 개구리가 아라비아 바다를 건너기 시작한다. 바다 복판쯤에 왔을 때, 전갈은 갑자기 독침을 꺼내어 개구리를 찔러 버렸다.
"왜 이래?"
전갈이 대답했다. "여긴 중동(中東)이야."

유머지만, 이것은 '우화'의 형식을 취하고 있다(박진환도 '우화' 쪽으로 발전할지도 모른다). '개구리'는 아라비아만으로 관광온 유럽인인지도 모른다. 그러나 이 조크에 등장하는 '전갈'과 '개구리'의 본의(本義)가 각각 유럽과 중동 중에서 어느 쪽인가에 따라 작품 전체의 이야기가 달라지고, 공격의 대상도 반대가 된다. 그러면 박진환의 풍시조의 공격 대상은 누구인가. 중동만이라고 할 수 없다. 여기서 해학이건 풍자건 그 속에 감춘 예리한 '날의 현동화(現動化)가 실은 얼마나 어렵고 미묘한 것인가를 시사한다. 특히 「전갈과 개구리」의 경우, 그 균형(balance) 잡기의 어려움을 실감하게 된다.

나는 오늘의 한국시의 지형도를 그려본 적이 있다. 1)전통과 서정(전통적 서정시), 2)메시지와 관념(관념시, 생태시), 3)이미지와 물리성(언어 이미지시), 4)탈관념의 실험(탈관념시), 5)주지적 처리(주지시) 등이 그것이다. 한국시의 동서남북이라고도 할 수 있다. 우리 시단의 특색 있는 시의 중요한 작품들은 일단 이 지형도로 배열, 배치할 수 있다. 우리 시의 현황이다.

나는 박진환의 최근작(3행의 풍시조)을 주목하면서 '주지시'

의 장르로 보았다. 지금도 나는 이러한 자리매김을 후회하지 않는다. 김춘수는 박진환의 풍시조에 대하여 『하여지향(何如之鄕)』을 쓴 송욱의 '전철'을 밟고 있다고 했지만, 나는 송욱과 '같은 계열'이라고 보지, '전철'이라고는 생각하지 않는다. '풍자의 노끈'으로 송욱과 박진환을 칭칭 묶어 버리는 것도 가능하나, '풍자'가 있는 '주지(主知)의 토포스' 속에 자리한 박진환의 거처가 지닌 의미의 진폭을 이해할 필요가 있을 것 같다. 풍자, 해학, 편, 아이러니, 비꼼, 조롱 등은 '주지시'의 자원이긴 하나 이것만이 전부는 아니다. 이러한 주지시는 송욱, 김현승, 김광섭 등을 거쳐 김기림(金起林)의 장시 『기상도(氣象圖)』(1936)에 이른다는 사실을 이해한다면, 주지의 여러 가지 자원이 뭣인가를 짐작할 수 있다. 『기상도』가 지닌 주지적 풍부함의 목록을 일일이 확인할 필요가 없을까.

이야기를 많이 에둘렀다. 다시 「仲冬이 없으니·1」과 「전갈과 개구리」 이야기가 지닌 한 가지 토픽도 주지(主知)가 지닌 여러 가지 목록 중의 하나다. 지성은 억제와 조절에 바탕을 둔 '균형'을 강조한다. 형이상적 존재의 인식, 그 인식이 지닌 초월성의 자기화(自己化)에 의한 시선의 확보, 그 중의 풍자적 시선이 공격 대상을 선정하는 일에 도리없이 참여하는 '균형'은 특히 중요하다. 저울대의 무게와 추가 형평을 이룰 때 '풍자'는 더욱 빛날 것이다.

■ 시집 평설을 대신해서_諷詩調에 대한 사계의 견해

知的調律에 의한 시 意味의 密度와 結晶度
― 『諷詩調』의 창간에 부쳐

성찬경(전 예술원 회원)

    문예지 『풍시조(諷詩調)』가 창간되었다. 때는 2008년 초여름이고, 앞으로 계간지로 계속 발간될 것이라는 예고다.
    문예지라고 했지만, 문예지치고는 매우 특수한 성격을 지니는 문예지다. 우선에 소설은 배제된 시 전문지이지만, 넓은 범위의 시 일반을 싣는 것이 아니라 '풍시조(諷詩調)'란 새로운 시적 유형과 범주에 속하는 시만을 모아서 엮는 시지이니, 이를테면 시단 안에서도 특수 전문지의 성격을 갖는다. 흔히 취미 오락 등을 다룬 잡지에 낚시니 등산이니 바둑 등을 전문으로 다루는 잡지를 보게 되는데, 『諷詩調』는 시 안에서도 독특한 장르만을 대상으로 하는 일종의 전문 시지(詩誌)인 셈이며, 우리나라 시사(詩史)와 시단의 현황이 어언 여기에까지 이르렀는가 하는 감회를 갖게 된다.
    여기에서 좀 더 차분히 『諷詩調』의 출현을 지금까지 키워 온 그 뿌리와 수맥을 살펴볼 필요가 있다. 말할 것도 없이 이

『諷詩調』의 근본이 되는 자양적 모태는 박진환 시인이 약 30년에 걸쳐서 전개해온 넓은 의미에서의 지성시(知性詩) 운동이다. 박진환 시인은 이러한 지성시의 구체적인 전개방법으로서 '형이상학시'의 기치(旗幟) 아래, 이른바 변용의 시를 추구해온 것은 세상이 다 아는 바다.

변용의 시도 실은 그 개념의 범주가 좁다 할 수는 없다. 더 구체적으로 말하면 시에서의 위트, 컨시트, 또는 펀과 같은 기법을 활용하여 시의 정서적 구조를 지적 구조로 바꾸고, 그럼으로써 시를 의미의 밀도에서 좀더 경질(硬質)의 것이 되게 하려는 시적 추구를 말한다. 그리고 이것은 그 시적 추구에서 17세기 영국의 '형이상학파' 시인들의 추구와 그 맥이 통한다는 사실도 우리가 알고 있는 바와 같다.

여기에서 박진환 시인의 이러한 시적 추구가 우리 시의 현실적 상황과 어떠한 관계에 있는가 하는 점을 살필 필요가 있다. 현재의 우리 시는 한 마디로 지성이라는 영양소의 결핍증세가 심한데, 또한 그것을 자각하고 있지도 못하다는 것이 나의 솔직한 판단이다.

시에서 지성이 하는 구실은 일종의 조화 감각이라 할 수 있다. 시가 너무 한 쪽에 치우치는 것을 막아주는 감시의 역할을 하는 것이 바로 지성이다. 그래서 시에서 지적 요소가 부족하면 시가 한쪽으로 치우치는 것을 막지 못한다. 시에서 눈물이 너무 많아진다거나, 지나치게 격정에 사로잡힌다거나 정서의 내용이 너무 가냘퍼진다거나, 또는 지나치게 괴기해진다거나 하는 현상이 모두 지성적 작용의 결핍에서 오는 증후라

할 수 있다.

 문예지 『조선문학』을 중심으로 하는 한 무리의 문인들이 문학에서 지성적 구실을 강조하고, 줄기차게 우리 문단에서의 이러한 허점을 보완하고자 한 문학적 공헌에 대한 평가에서 우리는 몰인식과 소극성을 벗어나지 못하고 있는 것이 아닌가 하는 것이 역시 나의 생각이다.

 이번에 발간된 『諷詩調』는 박진환 시인이 벌여온 시운동의 더욱 정제된 결정과도 같은 것이며, 이것을 일종의 '문학적 발명'이라 해야 마땅할 것이라는 생각이 든다.

 어느 시대에 있어서나 문학의 새로운 양식은 그것이 하나의 새로운 발명임을 의미한다. 그리고 진정한 의미에서의 '발명'이라면, 얼핏 보아 아무리 하찮게 보이는 것일지라도, 거기에는 발명자의 많은 시간과 피땀과 노고가 스며있음을 잊어서는 안 된다. 시에 있어서도 마찬가지다. 시의 새로운 체질과 양식과 장르의 발명이 실은 시인들의 끊임없이 노력하고 추구하는 목표이기도 한 것이다.

 '諷詩調'의 출현 역시 결코 하루아침에 이루어진 우발적인 출현이 아님은 말할 것도 없다. 지금까지 박진환 시인이 시도해온 많은 '3행시'와 '諷詩調'가 그 싹이 되어 피어왔음은 물론이다.

 『풍시조(諷詩調)』가 갖는 새로운 체질적 특색을 간단히 살펴보겠다. '諷詩調'가 우리 고유의 전통적 시가의 형식인 '시조(時調)'와 체질적 연관성이 있음은 물론이다. 諷詩調의 구성이 3행으로 돼 있는 점이 초중종 3장으로 돼 있는 시조와 일치한다는 것에서도 이 일을 알 수 있다. 원래 시조의 초중종 3장도 시조보다 더 뿌리 깊다 할 수 있는 동양 고유의 한시(漢詩)의 기승전결에서 나온 것임을 우리는 짐작할 수 있다. 4행1련을 기본 단위로 하는 기승전결은 사실 동서고금의 모든 시적 감흥의 기본 틀이기도 하다. 다만 시조의 경우 종장에 해당하는 3장에서는 '전(轉)'과 '결(決)'이 한 행에 압축됨으로써 4행의 경우보다도 더욱 극적 효과와 시의 긴장감을 높여주고 있다.

이와 같이 諷詩調는 시조와 일맥상통하면서도 예술적 감흥을 겨냥하는 데에서는 시조(時調)와 사뭇 다르다. 곧 시조의 시의 뜻을 한자의 때시 '時'에서 글시 '詩'로 바꿔놓은 데서 그 겨냥하는 바를 짐작할 수 있다. 시조(時調)가 그 주제를 시대적 풍습에 맞추려는데 두고 있다면, 諷詩調에서는 시류(時流)를 넘어서는 작품으로서의 시적(詩的) 가치를 높이려는 의도가 숨어 있으며, 이런 점에서 '諷詩調'는 이른바 순수시(純粹詩)와도 그 방향을 같이 하게 된다.

'시조(詩調)', 곧 시의 흐름에 또 '풍(諷)' 자가 결합되어 있으니, 이것은 또 어떤 의도를 품고 있는 것일까. 여기에서 '풍(諷)'자는 박진환 시인이 시지의 '창간사'에서도 밝히고 있는 바와 같이 시에 넓은 의미의 풍자성(諷刺性)을 담으려는 의도와 다를 바가 없으니, 이 풍(諷)의 개념에는 시에서 전개할 수 있는 지적 작업 일반의 여러 항목이 두루 포함돼 있으며, 위트, 아이러니, 새타이어, 시니시즘(비꼬움) 등 표현상의 역설적 기법이 종횡으로 등장하게 된다.

그리고 이러한 풍자는 그것이 일종의 지적 응징의 구실을 하게 되는 것이며 이와 같은 응징의 숨은 의도는 바른 사회, 꼴불견인 시류적인 속물(俗物)들이 사라지는 사회, 양식이 통하는 밝은 사회의 출현을 바라보는 것이니, 깊은 뜻에서는 이 풍자의 정신이 곧 인도주의적 염원과도 일치한다는 점을 간과해서는 안 될 것이다.

'諷詩調의 보기로서, 박진환 시인이 전, 현직 대통령을 소재로 풍자한 시를 보려 한다.

> 노랗게 노랗게 노자로 시작해서
> 나리나리 개나리 리자로 끝나면 무슨 나리게
> 개나리, 노노노 무식하긴 노나리지
> ―「개나리」

> 이명박 대통령 임기 끝나 퇴임하는 날이 2012년 12월 26일
> 이날에 맞춰 돌아가는 시계가 이명박 시계란다
> 시작이 엊그젠데 퇴임 날 꼽아가며 돌아가는 시계가 있다니
> ―「이명박 퇴임시계」

편과 시니시즘과 새타이어가 2중 3중으로 얽히고 꼬인, 고도로 지적인 시적 작업임을 알 수 있다. 이보다 더 따끔한 응징적 일침이 또 있겠나.

계간지 『諷詩調』는 이제 막 창간되었기 때문도 있겠지만, 아직 동인지의 성격을 완전히 벗지 못한 느낌도 없지 않아

있다. 앞으로 이런 점도 차츰 보완이 되리라 믿어지며, 이 시지가 잘 성장하여 응분의 구실을 하게 될 것을 나는 축원의 시선으로 바라본다. 그렇다 하더라도 일관성 있는 '지성시'에의 헌신과 노고가 정당한 평가를 받게 되는 날이 우리 시사(詩史)에서 언제 찾아올 것인가.

■ 시집 평설을 대신해서_諷詩調에 대한 사계의 견해

諷詩調의 깃발과 風向
– 새로운 시 운동에 대하여

김용직(전 학술원 회원)

극히 최근에 그 모습을 드러낸 諷詩調 운동에는 두 가지 정도의 전략이 내장되어 있는 듯 보인다. 그 하나가 독특한 형태양식 해석이며 다른 하나가 현실 상황을 향한 예각적 공격의식이다. 명백히 현대 서정시의 서부(西部)를 개척하려는 의욕으로 시도된 이 시운동은 그러나 그 형식을 3장 6구를 원형으로 한 단형시 제작을 바탕으로 하고 있다. 3장 6구의 단형시라면 우리 머리에는 곧 한국 전통시가 양식인 시조가 떠오른다. 시조는 국민문학파에 의한 개혁운동 이후 새로운 토대를 마련하게 되었다. 이때부터 시조는 고전시가의 인습적인 면을 벗어나 새 시대의 양식이 된 것이다. 諷詩調는 시조의 이런 틀을 이용하려는 듯 보인다.

諷詩調는 그 의식성향으로 보아 상당히 공격적이며 호전적이기까지 하다. 그 도마 위에는 정치, 경제, 사회, 문화의 문제만이 아니라 개인의 윤리, 도덕적인 사건까지가 가차 없이 올라 난도질당한다. 그런데 많은 경우 諷詩調의 비판, 공격은 예술적 의장을 거치지 않은 가운데 이루어진다. 諷詩調에서 풍(諷)은 수사론에서 풍자를 뜻할 것이며 고전문학의 감각을 곁들이게 되면 풍간(諷諫)과 같은 맥락에서 해석될 말이다. 풍자와 풍간에 역겨운 현실, 아니꼬운 대상을 꼬집고 공격하는 단면이 내포되어 있는 것은 사실이다. 그러나 그런 경우의 비판, 공격은 진술의 형태로 이루어지는 것이 아니라 비유의 형태를 취하는 것이 바람직하다.

 풍자문학에서 직접적 언술(言述)이 아니라 간접적인 기법이 이용되는 까닭은 단순하다. 많은 경우 시인이 아니꼽게 생각하는 대상은 한 시대와 사회에서 강한 힘을 가진 개인이거나 집단과 그 부수 형태인 제도나 규범들이다. 그들을 진술의 차원에서 공격하는 경우 작품들은 즉각 압수, 폐기되고 그 제작들은 연행, 구속될 위험에 노출된다. 시와 예술이 노려야 할 것은 이런 자살 특공대식 자기표출이 아니다. 이런 감각이 생산해 낸 전략의 결과가 풍자로 해석되어야 하는 것이다.

 諷詩調가 3장 형식을 취한 것에 대해서도 이와 거의 같은 이야기가 가능하다. 諷詩調가 3행시의 형태를 이용한 것은 3행시가 한국 전통 시가를 대표하는 것으로 판단된 결과일 것이다. 새로운 시가운동이 국민문학의 자리에 오른 양식의 특성을 이용하는 것은 슬기로운 일이다. 그러나 이 경우에도 우리는 창작활동에서 기본교의 하나를 기억하고 있어야 한다. 모든 창작활동에서 형태는 묵수될 것이 아니라 새롭게 해석, 개척되어 나가야 한다. 국민문학파의 전례가 가리키는 바와 같이 3장 6구의 시조가 갖는 큰 틀은 긍정적으로 계승될 수 있다. 그러나 그 틀 속에 새로운 시로서의 호흡과 맥박은 끊임없이 재창조되어야 한다.

우리는 모처럼 시도되는 諷詩調 운동이 한국 현대시의 높은 산맥이 되고 푸른 강줄기를 이루어나가기를 희망한다. 이런 소망이 다소간 비판적인 생각을 토로하게 된 셈이다.

■ 시집 평설을 대신해서_諷詩調에 대한 사계의 견해

박진환의 3행 '諷詩調'에 대하여

최원규(충남대 명예교수)

 최근 지속적으로 왕성하게 발표해온 박진환의 삼행시초 '諷詩調'야말로 괄목할만한 한국적 단형시다. 더구나 시대적 상황이 사회적으로 굵직한 이슈를 던져주었던 전변의 정치적 관심이 우리 모두를 끌어들이는 시기와 맞물렸기 때문이기도 하다. 이미 정권 교체에 따른 권력의 갈등에서 겪은 일이지만 대선과정에서 마지막까지 문제가 되었던 BBK 사건, FTA, 숭례문 복원, 대운하 찬반, 광우병 등으로 인한 촛불 시위 범람이 쓰나미처럼 휩쓸고 지나갔으며 아직도 그 여진이 계속되고 있다.
 이렇게 불안한 계절에 시인은 이들의 갈등과 부조리를 외면하고 추상적인 언어를 기반으로 하는 사회적 연대감에서 벗어나 강 건너 불구경만이 순수의 미덕인가. 마땅히 지식인으로 가치판단이나 문화적 선악에 동참, 선도의 언어가 필요해진 것이 너무 당연하다. 하물며 시는 시인끼리 담을 쌓고 그 속에 안주해 있는 모습에서 벗어나 시민과 동참 동행하는 시민의식이 필요하다.

이미 우리 시의 역사 속에서도 한용운, 이육사, 윤동주 그들의 평가에서 볼 수 있듯이 그들의 시에서 우리의 의지와 나라를 걱정하는 애국시가 용솟음치기도 하였다. 그런 점에서 이 시대 박진환의 諷詩調야말로 우리 시단의 중요한 뇌관을 건드린 사건이라고 판단된다.

諷詩調는 삼행이라는 점에서 시조와 같으나 구조나 형태적 특질이 시조의 틀을 벗어났을 뿐만 아니라 어귀나 비유법의 방법을 시조와 달리한다. 한편 화제가 되고 있는 시대적 상황을 직접적인 논의와 평가를 요구하며, 아이러니, 패러독스, 유머로 수용한다. 요컨대 박진환의 '諷詩調'는 업투데이트한 시대적 사회시를 전제한다. 그러므로 그의 '諷詩調'는 작중 인물들의 선행이나 악행의 전제를 제시하며 마지막 행에 이르러서는 개선이나 선과 악의 가치판단의 동참을 요구한다.

박진환의 '諷詩調'는 악과 사의 교정을 위한 화해적 개선이라는 점에서 꼬집고, 비꼬고, 깎아내리고, 비아냥하고 비판, 고발, 폭로를 시의 바탕으로 삼되 마지막 의도는 '순수한 통징'을 감행함으로써 풍자시보다는 한 차원 높은 시적 장치를 갖추고 있다는 점에 주목한다.

박진환은 엄격하거나 거창한 테마를 희극적으로 처리하거나 재미와 멸시, 분노와 냉소의 태도를 환기시킴으로써 그것을 약화시키는 기법을 사용한다. '웃음을 무기로 사용하고 작품의 외부에 존재하는 과녁을 겨냥한다. 그 과녁은 개인적인 일일 수 있고, 어떤 계층이나 제도나 국가나 인류 전체에게까지 할 수 있다'라고 전제한다.

요컨대 화자가 단정하는 외견상 주장과 속으로 의도하고 있는 의미가 서로 다른 진술을 할 때 그 진술은 태도나 평가를 명백히 표현하지만 그것과 매우 다른 태도나 평가를 함축하고 있는 것을 포함하는 것이 아이러니의 기술이라고 보았을 때 박진환의 '순수한 통장'을 암시한다. 발음이 같고 흡사하지만 의미는 전혀 다른 같은 소리에 다른 의미를 갖는 말들은 때로 읽는 이에게 가치판단의 격정적인 한편으로 기울게 하기보다 그것을 유보하며 역지사지(易地思之)의 공평성을 유발시키고 화해성을 유도한다.

박진환은 시적인 재담(equivoque)도 있고 때로 언어유희(pun)도 있지만, 그것들은 읽는 이로 하여금 간담이 서늘해지는 경지까지 유발한다. 때로는 '삶 속의 죽음'이나 '쾌락의 고통', '사랑의 증오'들처럼 메타피지컬포에트(Metaphysical poets)들이 사용한 흔적에 영향되었다고 할 수 있으나 박진환의 경우 경고성의 환기에 더 치중함을 볼 수 있다.

마침내 풍(諷), 시(詩), 조(調) 각개의 문자 의미의 내부를 탐색할 때 모두 언(言) 말씀이 들어있다. 말씀[言]은 글[文]과 구별된다. 글은 논리와 절제를 요구하지만 말[言]은 흘러가는 물과 같이 지형이나 지세에 따라 형태가 변하며 응집한다. 그러므로 흐름의 방향은 같지만 물줄기는 즉흥적이며 당대의 상황에 따라 전변한다.

말씀[言]은 바람[風]과 절[寺]과 두루할 주(周)를 더하여 동서남북, 종횡무진, 당대를 섭렵한다. 그리하여 박진환의 '諷詩調'는 마침내 세상사의 이야깃거리의 중심부에서 주제할 수 있는 정세의 총화와 전환을 암시한다.

박진환의 諷詩調가 꼭 3행이어야 하는가의 문제에 대하여 신중히 생각해야 한다. 다만 어느 민족이고 그 민족의 정서적 흡인력에 의하여 자연 발생적으로 생겨난 정형적 틀이 있어 왔다. 가령 당시(唐詩)의 4언 또는 7언 절시나 영시의 4행시(quatrain), 이행연귀(couplet), 14행시(sonnet) 모두 각운 구조로 결합된 강약음보격의 시행으로 되어 단일시귀(stanja)의 서정시인데 우리의 고유 문학형태의 시형(시조)들이 3장 6귀의 원칙을 고수한 것은 민족적인 고유성과 기풍(Ethos)에 의한 것이라고 믿는다. 다만 박진환의 경우 꼭 우리의 시조를 의식한 3행시는 아니지만(사실 시조와는 그 정형시로 의미구조의 잣대에 맞지 않음) 정형시로서 규율에 맞는 것이 아닌 자유시로서의 의미를 더욱 확대한다.

외형상 3행시로 처리한 것은 압축과 긴장미의 효과를 살리며 음수율에서 체험할 수 없는 탄력을 보여준다.

그리하여 3행시는 우리에게 낯익고 우리 말의 생태적 관습의 순리에 수용된다. 또한 시의 자연스런 형태의 공감이 일반화되었기에 박진환 삼행시가 우리 시단의 충격파를 더해 간다고 생각된다. 그의 3행 諷詩調의 창출은 우리 시문학사의 새로운 원형을 배가시킨 원동력이 될 것이며, 한편 시적 표현 미학에서 잡다한 외래적 수용의 난맥상을 제압하는 데 주요한 길잡이가 될 것이다.

박진환의 3행 '諷詩調'는 시조(時調)와 동자이의어(同字異義語)로 우리에게 새로운 정형성의 모델을 제시한다. 그러므로 우리 현대시가 지닌 무모한 율격이나 시적 주제의 미숙성 또는 혼미성을 극복하는 데 따른 주제시로서 확실한 언덕이 형성된 셈이다.

■ 시집 평설을 대신해서_諷詩調에 대한 사계의 견해

풍시조 읽기

문효치(전 문협 이사장)

 박진환 시인의 諷詩調를 읽었다 풍시조(諷詩調)라는 낯선 이름에 대하여 저자는 풍자시를 줄여 풍시라 하고 거기에 무슨무슨 투나 태도의 뜻으로 조(調)를 붙였노라고 설명하고 있다. 그러니 諷詩調의 본질은 풍자시일 듯하다.
 우선 재미있다. 식상한 이미지들의 나열이나 아니면 거의 산문화 되어버린 요즘의 시들에 입맛을 잃었는데 이 諷詩調는 매우 신선한 재미를 느끼게 해 준다.
 세상은 부조리와 불합리와 부정 불의 등으로 가득 차 있다. 이러한 세태가 우리를 짜증나게 하고 화나게도 한다. 살맛을 잃게 한다. 정말 살맛을 잃게 하는 재미없는 제재를 박진환 시인은 재미있는 시로 만들고 있다.

 핵, 우리도 그간거있어 평평터지는 국제특허품 不字標 핵 있어
  불평등·불공평·부조리·부정부패·부동산 투기까지

건들면 폭발하는 순 국산 不字標 핵 있다고, 까불고 있어
―「까불고 있어」 전문

  불평등 불공평 부조리 부정부패 부동산 투기 등 우리사회에 만연한 부정적 요소들, 이것들은 가히 우리 사회를 파괴시킬 만한 위력을 가지고 있다. 정말 심각한 문제다. 이런 사항들을 '不字標핵'으로 둘러댄 그 재치가 재미있다. 그래서 이 시를 보면 일단 웃음이 난다, 진짜 핵을 '그깐거'라고 대수롭지 않은 존재로 봄으로써 '不字標 핵의 위험성을 한껏 고조시켜 놓았다. 내용은 매우 심각한 문제성을 가지고 있지만 표현된 말들은 우리를 재미있게 해 준다.
  '까불고 있어'라는 끝절은 상대방(진짜 핵을 가진 자)에게 눈을 흘기며 짐짓 어깨를 으쓱거리는 모습을 떠올리게 해 준다. 다소 장난기가 보이는 모습을 연상하면서 시인의 재치를 다시 한번 실감케 해 준다.
  이러한 부조리 불합리한 사태를 능란한 솜씨로 비꼬고 농락함으로써 독자들은 후련한 카타르시스를 느낀다. 내가 미처 하지 못한 앙갚음을 대신 갚아 주는 것 같기도 하고 어쩌면 내 심정을 잘 알아주는 것 같기도 하다.
  이 책은 멸시 분노 증오의 정서를, 비꿈 냉소 조소 조롱 역설 등의 언사로 가득 채워 놓았다. 그러나 궁극으로는 교정·교훈의 의지가 숨겨져 있다.

뭐라구라우, 사람 낳고 돈 낳제 돈 낳고 사람 낳다구라우

> 허허 이 양반 순 구식이네
> 신식으론 돈 낳고 사람 낳제, 사람 낳고 돈 낳고가 아니여
> ―「뭐라구라우」 전문

 돈 낳고 사람 낳은 것은 불변의 진리이다. 그러나 신식으로는 돈 낳고 사람 낳았다고 큰소리친다. 그러나 이것은 역설이다. 화자가 진짜로 하고 싶은 말은 이른바 구식인 '사람 낳고 돈 낳다'는 말이다. 이것이 뒤집힌 세상, 전도된 가치에 대해서 일갈하고 꼬집은 것이다. 그리고 그에 대한 반성과 교정을 꿈꾸고 있는 것이다.
 삼행으로 압축한 단아한 모습의 시형에도 주목하고 싶다. 말 그대로 촌철살인의 짧막한 말이 감동을 준다. 요즈음 장황한 수다를 늘어놓는 시들이 범람하면서 이렇게 간결한 시들이 그리워진다.

> 나라님 물러나면 낙향하여 통나무집 짓고 시나 쓰며 살겠단 말
> 아무래도 허사같다. 시는 말을 아끼고 줄이는 언어경영인 것을
> 저리 말이 헤퍼서야 어찌 말의 진수에 닿을 수 있을지
> ―「아무래도 허사 같다」 전문

 듣기 좋은 수다로 대중들을 현혹하며 실천보다는 말을 앞세우는 정치인을 비꼬며 질타하고 있지만 한 편 짧막한 시론을 엿볼 수 있는 시다. 그렇다. 시는 '말을 아끼고 줄이는 언어경영'인 것이어서 '말이 헤퍼서'는 안 될 일이다.

삼행은 우리의 눈에 익숙하다. 어려서부터 시조를 읽고 배워왔기 때문이다. 물론 시조의 형식에 맞춰 음수율을 조절한 것은 아니지만 그 속에 기승전결의 구조를 가진 것들이 많은 것도 이해하기 쉬운 대목이다.

지금이 바로 이러한 시들이 필요한 시대인 것 같다. 잡지마다 넘쳐나고 있는 산문조 요설이 시성(詩性)을 잠식하고 있고, 그리고 비꼬고 조롱하고 비난하고 질타해야 될 일들이 많은 세상일수록 그러한 세태를 지적하고 경계하며 교정해야 하기 때문이다. 시가 궁극적으로는 인간을 위하고 옹호하는 것이라면 시가 이러한 일에도 적극 관심을 가져야 할 것으로 생각한다.

■ 시집 평설을 대신해서_諷詩調에 대한 사계의 견해

諷詩調에 나타난 형이상시의 수사법

최규철(시인·문학평론가)

들어가는 말

어느 사회학자는 '농경사회의 삶이 시간 잉여(時間剩餘)의 시대였다면 오늘날과 같은 정보화 사회는 시간 기근(饑饉)의 시대'라 했다. 그것은 그 정도로 오늘의 시대가 시간에 쫓기며 살아가는 고속화 시대를 맞이하고 있다는 것이다. 따라서 이러한 고속화 사회에 사는 현대인들의 문학작품에 대한 선호도도 역시 장편소설보다는 단편소설을, 장시보다는 단시를 더 선호하는 경향이 있다. 특히 시에 있어서 현대인들의 구미에 맞는 시는 짧으면서도 그 속에 다분한 내용을 함축함으로써 큰 감동을 주는 시라 하겠다. 이런 시대적 요구에 부응하는 시가 바로 박진환 시인이 착안하고 시운동을 전개하고 있는 諷詩調이다.

諷詩調의 기법은 형이상시의 레토릭(rhetoric)과 흡사한 면이 많다. 컨시트의 기발한 지적 놀라움, 서로 상반된 양극화의 결합과 그 조화, 역설과 반어(反語), 시의 순수한 통징을 통한 내적 울분의 해소와 사회 구조악(構造惡)의 개선 등이 바로 그것이다.

특히 3행시의 짧은 글 속에 함축된 내용과 그 여운을 담기 위해서는 압축적이고 생략적인 구문이 필요하다. 따라서 각 행의 전환 및 반전이 빠르게 전개되는 특색이 있다. 이것은 양극화의 긴장이 팽팽할수록 행과 행의 전환속도가 빠르고 생략과 압축의 미학이 더욱 살아난다.

필자는 그동안 지면을 통해서 3. 4회에 걸쳐 언급해온 諷詩調 시학에 대한 이론을 총괄하고 종합하여 주로 諷詩調의 형이상시적 유사성과 레토릭(rhetoric) 기법의 측면에서 접근해 보고자 한다.

1. 諷詩調의 순수한 통징

諷詩調는 일종의 풍자시의 성격을 띤 시라 하겠다. 풍자시의 사전적인 정의는 부정부패와 비리 현상과 모순 등을 다른 사물에 비유하여 폭로와 공격 일변도의 시를 말한다. 즉 풍자시라고 하는 한자가 풍자할 풍(諷) 찌를 자(刺)로 명시한 바와 같이 모든 죄악상을 어떤 사물로 빗대어 찔러 고통을 가하게 하는 일종의 보복성을 뜻하는 성격을 내포하고 있는 시가 대부분이다. 그러나 諷詩調에서 말하는 순수한 통징의 주된 목적은 諷詩調를 통해서 죄의 아픔을 느끼게 할 뿐만 아니라,

뉘우치고 돌이켜 새롭게 변화하게 하는 데 주력하는 시의 기능을 말한다. 다시 말하자면 죄의 부패성에 대해서 단순히 찌르고 고통을 가하게 하는 데 그치는 것이 아니라 메스를 가하고 수술을 함으로써 병을 낫게 하는 데 그 목적이 있음을 말한다.

그러나 여기서 주의 깊게 보아야 할 것은 수술을 가하되 고통을 없애게 하기 위해 마취제를 동시에 투여하는 방법을 취하고 있다는 사실이다. 즉 유머를 통해서 웃음을 주고 즐거움을 줌으로써 그 고언을 달게 받아들이고 소화시킬 수 있는 기능을 지녔다는 것이다. 諷詩調의 통징이야말로 우리의 뇌에서 일종의 모르핀이나 엔도르핀과 같은 호르몬을 분비하게 함으로써 무통수술을 하게 하고 오히려 미묘한 시적 희열을 주게 하는 절묘한 수술비법을 의미하고 있다. 諷詩調의 작가들은 이런 諷詩調의 순수한 통징의 특성을 숙지하고 이러한 순수한 통징의 기능을 살리는 데 노력해야 할 것이다. 諷詩調에서 이러한 순수한 통징이 살아있지 못한다면 그것은 諷詩調로서의 시적 역할을 다한 시라 볼 수가 없다. 諷詩調의 생명이 바로 여기에 있다 할 수 있기 때문이다.

참으로 諷詩調의 순수한 통징이야말로 오늘과 같은 종말론적인 징조를 토로하고 인류의 구원을 갈구하게 하는 시대적 사명의 성격을 띤 시라 하겠다. 현대사회는 갈수록 첨예한 양극화 조성으로 인한 양자구도의 대립상이 심화되고 있다. 오늘날 정치 경제 사회 문화 전반에 걸친 인류사회의 갈등과 분쟁이 바로 이런 극단적인 양극화 현상에서 오는 결과라 하겠다. 그렇다면 현대시가 어느 때까지 이를 외면하고 오히려 음풍농월(吟風弄月)만을 일삼아야 하겠는가. 시가 인생문제로 깊이 들어가서 이런 양극화 문제를 해소하고 하나로 융합하는 화해와 일치의 시학으로 발전해가야 할 것이 아닌가. 그러한 의미에서 諷詩調 운동의 필연성이 강조된다.

더욱이 환경오염으로 인한 생태계의 훼손과 대기오염으로 인한 오존층의 파괴, 그리고 지구 온난화에서 발생하는 엘니뇨현상 등으로 인류의 생존 문제에 심각한 적신호가 켜있다. 이런 각박한 상황에서 탈출하기 위한 녹색시학 운동의 전면에 諷詩調가 자리하고 있음을 알 수 있다.

시인은 예언자적인 예리한 눈을 가지고 미래사회의 변화를 직시하면서 오늘의 잘못된 과오를 지적 감동을 통해서 깨닫게 하는 순수한 통징에 무한한 관심을 쏟아야 한다.

> 세상이 왜 이러나 유행병처럼 자살·자살·자살
> 마음 한 번 고쳐먹으면 살자·살자·살자가 되는데
> 뭐 그리 좋은 거라고 일편단심 자살이람
> — 박진환의 「뭐 그리 좋은 거라고」

한국인의 자살률이 OECD 30개 회원국 가운데 1위를 기록하는 불명예를 안고 있다. 연예계의 인기 스타들과 대기업의 총수들이 잇따라 자살을 하고 심지어 전직 대통령까지도 스스로 목숨을 끊음으로써 사회적 충격이 크다.

박진환 시인의 諷詩調 「뭐 그리 좋은 거라고」는 1행의 자살·자살·자살'이라고 하는 부정적인 죽음의 개념과, 2행의 '살자·살자·살자'라고 하는 긍정적인 생명의 개념을 양극구도로 서로 거꾸로 뒤집어 대치해 놓음으로써 기발한 위트와 유머를 돋보이게 한다. 이러한 諷詩調의 기능이야말로 격한 자살충동을 완화시켜 줄 뿐 아니라 생에 대한 강력한 의욕까지도 유발하게 하는 시적 감동을 가능케 한다. 여기서 諷詩調의 풍자 속에 담고 있는 간절한 회심에의 바람이 '마음 한번 고쳐먹으면'이란 말로 표현되고 있다. 이것이 바로 諷詩調가 지닌 순수한 통징의 힘이다.

> 피를 빨아 먹는 모기 잡는데 의견이 분분하다
> 정치가 어떻고 법이 어떻고 대통령이 어떻고
> 입으로 모기 잡나? F킬라를 뿌려야지
> ― 박진환의 「입으로 모기 잡나」

 이 시는 그 제목부터가 웃음을 터트리게 하는 유머가 있어 마음을 끈다. 이 시 속에 감추어 있는 암시성과 시사성(示唆性)이 모기와 F킬라라고 하는 기발한 메타포를 통해서 큰 감동을 준다. 정계와 법조계의 부패상을 바로잡는, 즉 '피를 빨아 먹는 모기를 잡는데'에는 입으로 하는 설왕설래(說往說來)로써는 근절될 수 없다는 것이다. 특히 수사법 중에서 변화법의 하나인 '입으로 모기잡나?'라고 하는 설의법으로써 F킬라라고 하는 정답을 독자에게 물어 찾아내게 하는 레토릭으로써 스스로 개혁의지를 촉발하게 하는 순수한 통징이 돋보인다. 찌르고 자르고 쪼개는 메스질이 가해짐에도 불구하고 뇌에서 분비되는 모르핀을 통해서 즐거운 마음으로 웃고 수긍이 가능케 하는 회심과 변혁의 비법이 있다.

2. 諷詩調가 갖는 컨시트의 특색

형이상시의 컨시트(奇想, conceit)는 형이상시의 특징 중에서 가장 중요한 특징의 하나라 할 수 있다. 외견상 전혀 유사성이 없거나 상반되고 양극화된 사물이나 상황들을 재치 있고 기발한 방법으로 결합하여 소위 사무엘 존슨(Samuel Johnson)이 언급한 '부조화의 조화'를 이루게 하는 비유적인 수사법을 말한다.

그러나 諷詩調에서 보여주는 컨시트의 특색은 형이상시에서 말하는 그것과는 사뭇 다른 양태의 컨시트를 볼 수 있다. 3행시 구문의 생략적인 특성 때문에 행과 행, 낱말과 낱말, 심지어는 문자와 문자로부터 서로 상반된 사물이나 개념의 명칭과 발음 등을 찾아내고 거기서 특별한 의미성을 유추하여 또 다른 의미를 창출해내는 언어유희적인 기발한 컨시트를 선보이고 있다. 이런 관점에서 볼 때 諷詩調의 컨시트는 단순히 두 가지 사물이나 개념을 교묘하게 결합하여 뜻밖의 유사성을 찾는 기존의 형이상시의 컨시트와는 다른 특성을 지니고 있다고 하겠다.

> 대통령 국정평가 잘했다가 44.2%, 못했다가 41.1%
> 막상막하, 정치란 게 그래
> 上 뒤집으면 下 되고, 下 뒤집으면 上 되거든
>   ― 박진환의 「物神時代・216」

  국민이면 누구나 알게 모르게 다 정치에 젖어 살면서 나름대로의 정치철학, 내지 생활철학을 가지고 있다. 그래서 3행에서 '정치란게 그래'라 토로한다. 이런 지적 깨달음을 풍자적으로 소화시켜 표현하기란 그리 쉬운 일은 아니다. 이런 이유 때문에 민감한 사안을 받아들여 유머로 웃어넘길 수 있고, 감동 받아 깨달음을 갖게 하는 諷詩調의 기법에 주목할 수밖에 없다. 그래서 諷詩調가 지적이며 문화적인 통징을 가져오게 하는 첩경이라 여겨진다.

  이 시에서 놀라운 기지의 발산은 2~3행에 있다. '막상막하, 정치란게 그래 / 上 뒤집으면 下 되고, 下 뒤집으면 上 되거든'에서 '막상막하(莫上莫下)'의 上과 下의 문자를 세웠다 뒤집었다 하면서 요동치는 정치판의 불안정성을 꼬집는, 재기(才氣)가 번뜩이는 컨시트를 선보이고 있다. 여기서 다만 上・下라고 하는 양극성의 문자를 가지고 세웠다 뒤집었다 하면서 엉뚱하게 결합한 결론이 「정치란게 그래」로 귀결한다. 이렇게 諷詩調의 컨시트는 동떨어진 개념이나 이미지를 결합하는 데 그치는 것이 아니라, 서로 상반된 단순한 두 개의 문자로써 새로운 제3의 개념을 형성하게 한다. 이런 관점에서

諷詩調의 컨시트는 보다 다양하고 발전된 성격의 것이라 볼 수 있다.

> 박지성·박주영의 꼴은 오 코리아
> OECD국 중 환경평가 맨 꼴찌의 꼴은 어이쿠 코리아
> 둘 다 꼴은 꼴이다마는 뒤에 꼴은 노꼴만도 못해서
> ― 박진환의 「物神時代·191」

지금 지구촌은 환경오염으로 인해서 점차로 죽어가고 있는 실정인데 우리나라가 OECD국 중에서 환경평가 최하위라 한다. 이 시에서는 이런 실정을 풍자적으로 꼬집고 있는데, 1~2행에서는 축구의 '꼴인'과 환경평가의 '꼴찌'란 서로 유사성이 없는 언어들을 관련 지워 '오 코리아'와 '아이쿠 코리아'라는 서로 반대되는 개념의 언어로 대비시켰고, 3행에서는 꼴찌의 '꼴'을 '노꼴'이라는 상충·상반되는 개념과 연관시킴으로써 '둘다 꼴은 꼴이다마는 뒷 꼴은 노꼴만도 못해서'라는 순발력 있는 기지(wit)를 보여준다. 동시에 더 나가서는 축구의 '꼴'과 환경평가 꼴찌라는 '꼴'의 두 글자들을 교모하게 결합한 諷詩調의 컨시트의 진수를 보여주고 있다.

3. 諷詩調의 양극화 기법

또 한 가지 諷詩調에서 가장 두드러지게 나타나는 특징 중의 하나가 양극화 현상이다. 그러기 때문에 諷詩調의 컨시트

는 동떨어지고 상반된 가장 먼 거리의 양극성을 폭력적으로 결합하는 과정이나 패러독스와 아이러니의 양면성에서 오는 강한 텐션이 諷詩調로 하여금 그만큼 응축된 의미의 비유가 되게 한다.

걸핏하면 여·야 율사들 발목잡느니, 발목잡히느니 해쌌는디
뿌리치고 혼자만 가려고 하니 그러지, 동행해봐, 왜 발목잡나
잡혀 부러지면 목발신세 못해, 발목 거꾸로 해봐 목발이지
— 박진환의 「발목 거꾸로 하면 목발이지」의 전문

분쟁과 불화의 결과가 발목이 목발로 바뀌는 기발한 발상, 곧 생명체를 비생명체로 둔갑시키는 대담한 컨시트의 수사법이 놀라움을 준다. 그 외에도 여·야 율사들, 발목잡느니 발목잡히느니, 발목과 목발 등의 양극화가 이 諷詩調 전면에서 팽팽한 긴장을 조성시켜주고 있다, 거기다가 본래 여·야가 대치하는 정치구도, 그것만으로도 양극의 역학관계를 유지하는 긴장상태인데 여기에 분쟁과 충돌이 생기면 발목이 목발이 되는 더욱더 팽팽한 긴장관계를 촉발한다. 그래서 이 諷詩調는 웃기면서도 여·야가 정치적 협력관계를 잘 유지해야만 나라가 산다는 통징적인 메시지도 담고 있는 시이다.

악법·약법, 청문회, FTA로 여·야 붙어도 한판 크게 붙겠다
탓하지 말 것이 싸워야 국회답지 잠잠하면 그게 더 두려워
마찬가지야, 아이들도 싸움질하면서 크지 않던가

— 박진환의 「아이들도 싸우면서 커」

 이 諷詩調는 빈번히 일어나는 국회의원들의 성숙하지 못한 의결과정에서의 난투극을 한 마디로 꼬집은 시이다. 아이들이 싸우면서 커가듯이 국회의원들도 싸우면서 커가야만 하는가 하는 시인의 통탄이 곁들어있는 시이다. 가장 성숙해야 할 국회의원들과 가장 성숙하지 못한 나이인 어린이들의 양극현상을 동류부류로 간주하여 이질성 속의 유사성을 찾는 시인의 기지가 번쩍인다. 여기에는 양극간의 이질성이 유사성으로 바뀌는 과정에서 서로 잡아당기는 강력한 텐션도 드러나 있다. 「싸워야 국회답지」에서는 국회가 싸움판이 되어서야 되겠는가 하는 아이러니의 성격을 띤 레토릭도 있고 국회가 변화되기를 촉구하고 갈망하는 통징도 들어있다.

4. 諷詩調의 구조와 그 전환속도

 형이상시에서와 마찬가지로 諷詩調에서도 생략된 구문을 씀으로써 의미의 탄력과 밀도를 더하게 하고, 또한 집약적 표현으로써 시의 단축을 꾀하는 기법을 강조한다. 그 결과 시 전개과정에서 그 전환 속도가 빨라지기 마련이다. 그래서 시의 구조가 3행시로 되어 있고 따라서 행의 길이가 짧으면 짧을수록 생략적 효과가 살아나서 함축성이 있는 시가 된다.

 諷詩調는 평시조(平時調)와 같은 초장 중장 종장의 3행 형식의 구조이면서도 3장 6구 12음보의 정형시에 매이지 않은 자유시요, 동시에 평시조보다 더 빠르고 생동감이 있는 기승전결(起承轉結)의 전개가 있다. 따라서 諷詩調의 함축성과 텐션을 살리기 위해서는 될 수 있는 대로 행의 자수(字數)를 줄이고 생략하는 것이 좋다.

> 침묵이 金이라고? 순 구식
> 요즘 세상에선 말 잘해야 출세해
> 신식으론 침묵은 禁이야
> — 박진환의 「침묵은 禁이야」

1행의 金이 3행에서는 禁으로 바뀐다. 1행에서 침묵은 金이란 말은 구식이요, 3행에서는 침묵이 禁이란 말로 바뀐 것이 신식이라는 것이다. '요즘 세상에선 말 잘해야 출세해'라는 새로운 진리(?)를 발견하고 시대와 더불어 급속히 변하는 처세술의 격세지감을 실토한 시라 하겠다. 또 이 시 속에는 침묵이 금(金)이었던 옛 시대가 참이요 말을 잘해야 출세한다는 현 시대가 잘못된 것이라는 시사성(示唆性)이 들어 있다. 諷詩調가 그 짧은 시로써 현시대의 많은 모순과 부조리를 다 압축하여 표현할 수 있는 것은 오로지 3행시 속에 짧은 행으로 모든 것을 소화시킬 수 있는 수용성(受容性)과 빠른 전환기능을 지탱할 수 있는 메커니즘에서 온 것이다.

> 銅臭에 코피터진 놈이

> 銅醉로 게워내는 주정
> 뭘 쳐다봐, 너나 나나 다를 것이 없는데
> ― 박진환의 「物神時代·68」

 이 시는 銅臭와 銅醉를 병치하고 3행에서 '뭘 쳐다봐, 너나 나나 다를 것이 없는데'로 동류화((同類(化))시킨 해학적인 기법이 눈을 끈다. 銅臭란 말의 뜻은 돈으로 출세를 하려고 하거나 모든 것을 해결해 보려고 하는 물신주의자들을 낮잡아 하는 말인데 오늘날은 술로써 출세를 하려고 하거나 모든 문제를 해결하려고 하는 銅醉도 많다는 것이다. 銅臭와 銅醉의 내용이 담고 있는 절묘한 조화가 압축되어 이 짧은 諷詩調 한 편을 창구로 하여 오늘의 모든 시대상을 한 눈으로 볼 수 있다.
 그러나 풍조시에서 행의 자수를 줄이고 표현의 생략적인 효과를 극대화하려는 경제적인 언어구사는 아무나 할 수 있는 것이 아니다. 허다한 諷詩調에서 발견할 수 있는 것은 행이 짧으면 그 표현과 의미성도 부실한 경우가 많다는 것이다. 따라서 諷詩調는 자수(字數)를 최소화하면서도 그 함축성을 최대화할 수 있는 기법이야말로 바로 諷詩調의 완성도를 높이는 첩경임을 알게 된다.

맺는 말

 이상과 같이 諷詩調에서 보이는 수사법상의 기법이 형이상시의 그것과 유사한 점이 많다는 것을 알 수 있다. 그러나 그 구조적인 측면에서 볼 때 형이상시보다는 시가 짧고 컨시트도 형이상시보다는 언어유희의 측면에서 독특하고 문자유희의 면에서도 독보적인 경지를 보이고 있는 시라는 것이다. 諷詩調의 대부분이 명확한 양극화 구조로 되어 있고 상반되고 동떨어진 개념이나 사물을 결합하여 부조화의 조화를 이루고 있다. 또한 3행시의 짧은 시로서 생략적이고 압축적인 기법을 통해서 고도의 밀도감을 조성하기 위해 언어와 언어, 행과 행을 교합하여 전개되는 전환속도가 유달리 빠른 것도 그 특징 중의 하나라 하겠다. 이런 시의 특징 때문에 앞으로 諷詩調가 우리나라 문학의 한 장르를 이루고 발전하여 보다 큰 문학성을 발휘하는 날을 기대하여 마지않는다.

조선문학사시인선 944

諷詩調詩集 · 450

통치통초초 · 6

2024년 10월 20일 인쇄
2024년 10월 30일 발행

지은이 / 박진환
발행인 / 박진환
펴낸곳 / 조선문학사
등록번호 / 1-2733
주소 / 03730 서울 서대문구 통일로 389(홍제동)
전화 / 02-730-2255
팩스 / 02-723-9373
E-mail / chosunmh2@daum.net

ISBN 979-11-6354-316-9

정가 10,000원

※ 인지는 저자와 합의 하에 생략
※ 잘못된 책은 서점에서 교환해 드립니다.